AF284931

DENNIS HANS LADENER

DAS HANDBUCH DER WELT

FREIDENKER

1. Auflage
© 2021 Dennis Hans Ladener
(dladener@googlemail.com)

Alle Rechte vorbehalten, insbesondere das Recht auf
Vervielfältigung und Verbreitung sowie Übersetzung.
Kein Teil dieses Buches darf in irgendeiner Form ohne
schriftliche Genehmigung des Autors reproduziert oder
unter Verwendung elektronischer Systeme
verarbeitet, vervielfältigt bzw. verbreitet werden.

Herstellung und Verlag: BoD – Books on Demand,
Norderstedt.

ISBN: 9783753480442

Dennis Hans Ladener

geboren am 11.05.1990 in Köln, ist ein deutscher *Philosoph* und *Schriftsteller,* welcher bereits im jungen Alter von nur *29* Jahren geschafft hat *zehn „philosophische Sachbücher"* in Eigenregie auf den Markt zu bringen.

- *Reset: Der Anfang einer Neuen Welt*
- *Die 4 Säulen des Scheiterns*
- *SklavenLEBEN*
- *Das Handbuch der Welt*
- *Die Datenwelt Theorie*
- *Die Datenwelt Theorie 2.0*
- *Arthur Schopenhauer: Eine "kleine" Einführung*

- *Eine kurze Zusammenfassung des Ganzen*
- *Die höhere Erkenntnis: Ein Weg zum besseren Verständnis der Welt*
- *Eine kurze Zusammenfassung des Ganzen & Die höhere Erkenntnis: 2in1 Sonderedition*

Schwerpunkt seiner Arbeiten, sowie seines Denkens beruhen hierbei im Kern auf der Philosophie des brillanten deutschen Philosophen *Arthur Schopenhauer (* 22. Februar 1788 in Danzig; † 21. September 1860 Frankfurt am Main).*

Da dessen Hauptwerk *„Die Welt als Wille und Vorstellung"* stets die größte Quelle der Inspiration für ihn selbst bereithielt.

„Ich war wohl schon immer ein klein wenig sonderbar und verbrachte bereits in meiner Kindheit viel Zeit damit über die Welt nachzudenken. Fantasie, Vorstellungskraft, sowie eine stark ausgeprägte natürliche Neugierde waren hierbei stets meine treuesten Begleiter."

„Das Geheimnis dahinter, warum ich so geworden bin wie ich bin, liegt wohl darin verborgen, dass ich es stets vermieden habe ein „Erwachsener" zu werden!"

2011 beendete er erfolgreich seine Ausbildung zur ***„Fachkraft für Schutz und Sicherheit".*** Von nun an konnte er sich voll und ganz auf sein „persönliches Studium" der Philosophie konzentrieren.

„Mit 21 Jahren verliebte ich mich endgültig in die Philosophie und schließlich auch in die Gedankenwelt Arthur Schopenhauers."

„Es war ein langer, einsamer, sowie steiniger Weg. Doch bereut habe ich es nie ihn gegangen zu sein!"

„*Der Antrieb unseres Autors liegt darin, komplexe und nur schwer zu verstehende „philosophische", „gesellschaftskritische" sowie „naturwissenschaftliche" Themen so simpel und anschaulich wie möglich der breiten Bevölkerung zugänglich zu machen. Kein leichtes Unterfangen. Doch eines, welches sich definitiv zu versuchen lohnt!"

Inhaltsverzeichnis

Vorwort

*„Der Mensch wird nicht
Als Homo sapiens geboren,
sondern er muss sich den Titel
der Weisheit und Vernunft beständig
jeden Tag seines Lebens aufs Neue
verdienen!"*

Es gibt eine schier unzählige Anzahl
an unterschiedlichen Religionen,
sowie Glaubensausrichtungen aller Art unter
uns Menschen, und folglich auch eine noch
viel größere Ansammlung unterschiedlicher
Bücher, welche allesamt von sich selbst
behaupten, irgendwelches verborgenes,
geheimnisvolles, sowie mysteriöses Wissen
in sich zu beherbergen.

Nur selten jedoch entspricht dies
einem tatsächlichen Wahrheitsgehalt, viel
öfters findet man schier endlos mit leeren
Worten gestreckte Seiten ohne tatsächlichen
Sinn und Gehalt.

Meine Ambition für dieses
Handbuch war es daher eine effektive
"Bedienungsanleitung" für diese Welt zu
kreieren, damit jeder Mensch sich selbst und
seinen Platz besser zuzuordnen weiß. Ob mir
dies letztendlich gelungen ist, wird jeder
Leser dieses Handbuches für sich selbst
entscheiden müssen....

Die Zeit der Veränderungen
ist allgegenwertig und dennoch hält sich
das Alte und Bekannte oftmals besser und
hartnäckiger im Weltgeschehen fest, als es
für die Welt und ihr Geschehen ertragbar ist.

**Was nützt es dem Planeten Erde schon,
wenn wir uns selbst zwar für die Krönung
der göttlichen Schöpfung halten, aber das
Göttliche in der Schöpfung selbst nicht
mehr erfassen und begreifen können?**
Was bringt es ihr, wenn wir Zeit und
Energie darauf verwenden einem
unsichtbaren Gott zu huldigen, aber
zeitgleich die für uns deutlich sichtbare
Natur mitsamt ihrer umfangreichen Flora
und Fauna mit einem noch viel größeren
Ehrgeiz mutwillig zerstören?

Was bringt es ihr, wenn wir an einen
Gott glauben, welchen wir uns oftmals
als alten Mann mit langem weißen Bart
und goldenem Stab in der Hand vorstellen,
welcher mit schützendem Auge herab auf
das Weltgeschehen schaut?
**Wäre dieser Welt nicht viel mehr damit
geholfen, wenn wir wieder damit
beginnen würden, unsere eigene
Göttlichkeit in uns selbst und allen
anderen Erscheinungsformen zu
erblicken?**

Wird es für die Menschheit nicht endlich an der Zeit Verantwortung zu übernehmen und neue spirituelle Wege einzuschlagen…?

Du möchtest tatsächlich die*Krönung* der Schöpfung sein…?

„Verdiene es dir!"

Einleitung

Lieber Wernher, mein alter Freund,
viel zu lange schon ist es bereits her als wir
beide zuletzt miteinander korrespondiert
haben. Ich erinnere mich noch heute
immer wieder gerne an unsere gemeinsame
Zeit während unseres Studiums.

Auch, wenn du dich schließlich für die
Quantenphysik und ich mich weiterhin für
den Weg der Philosophie entschieden
hatte, bestand zwischen uns beiden dennoch
stets ein Band der tiefgründigen geistigen
Verbundenheit.

Doch so langsam merke ich immer mehr,
das nun meine letzten Jahre gekommen
zu sein scheinen und ich würde dich gerne
von Herzen um einen letzten Gefallen
bitten mein alter Freund.

In den letzten Jahrzehnten habe ich die unterschiedlichsten philosophischen Erkenntnisse über diese Welt angesammelt, analysiert und verarbeitet. Aus diesem Prozess ist schlussendlich meine eigene ganz persönliche Weltanschauung entstanden.

Auch, wenn ich mit meinem schöpferischen Werk nun am Ende meines Lebens stehend durchaus sehr zufrieden bin, beschleicht mich dennoch das mulmiges Gefühl, etwas sehr Entscheidendes übersehen zu haben, etwas wozu vielleicht nur du imstande warst es zu erkennen.

Mein alter Freund, bitte erlaube es mir dir über diese zugegebenermaßen sehr spezielle und unorthodoxe Art und Weise, ein etwas länger andauerndes und wohl aufgrund der Umstände entsprechend auch sehr einseitiges

Gespräch über diese unsere Welt aufzuzwingen.

Dies allein ist jedoch noch nicht mein eigentliches Anliegen weswegen ich an dich herangetreten bin. Ich bitte dich aufrichtig darum mir deine ehrlichsten Gedanken bezüglich meiner Gedanken als mein Freund und als Quantenphysiker ohne Rücksicht auf meine Gefühle unverblümt mitzuteilen.

Lass uns unser beider Wissen miteinander vereinen und ein einheitliches Bild des Ganzen kreieren, welches für Jedermann und jede Frau klar und deutlich verständlich ist.

Mir ist bewusst, das deine Zeit mindestens genauso kostbar und rar gesät ist wie die meinige, doch sag mein alter

Freund, würdest du mir diesen letzten und entscheidendsten aller Gefallen erweisen?

In hoffnungsvoller Erwartung verbleibe ich dein guter alter Freund Arthuro Schoppenhauer.

!Warnung!

Dieses Buch enthält Informationen, welche die meisten von meinen Mitmenschen, in solch einem Umfang, wohl noch nie zuvor erhalten haben. Eventuell könnte es sogar möglich sein, dass Ihr bis jetzt gewohntes Weltbild während des Prozess des Lesens ein Stück weit aus den Fugen gerät!

Sollten Sie sich also zunächst etwas schwer damit tun, diese Masse an neu erhaltenen Informationen zu akzeptieren, kann ich Ihnen von Herzen versichern, dass dies nicht Ihre persönliche Schuld oder Unfähigkeit darstellt, sondern vielmehr die logische Konsequenz des bestehenden Systems!

„Wir Menschen werden bereits von Geburt an durch das System mit voller Absicht so dumm und simpel wie möglich "ERZOGEN!"

„Selbstständige, sowie kritische bzw. freidenkerische Gedankengänge innerhalb der breiten Bevölkerung, sind seitens der Eliten vollkommen unerwünscht!"

Aus diesem Grund wird über die in diesem Buch vermittelten Thematiken auch weder in den *Mainstream-Medien,* geschweige denn in den *"Bildungseinrichtungen"* ausführlich genug gesprochen. Hinzu kommt noch, dass dieses, zugegebenermaßen etwas *exotisch angehauchte Wissen,* heutzutage generell nicht mehr bei besonders vielen Menschen bekannt ist.

Ich möchte nun versuchen, Ihnen dabei zu helfen, ein Stück weit aus Ihren gewohnten Strukturen auszubrechen. Ich bitte Sie daher, sehr geduldig mit diesem Werk umzugehen und erst nach Beendigung, ein schlussendliches Urteil zu Fällen.

Vielen Dank für ihr Verständnis. :)

Die Beziehung zwischen Subjekt und Objekt

Die Mehrheit der Menschheit geht wohl davon aus, dass die Welt auch dann noch in ihrer für uns gewohnten Form weiter bestünde, selbst wenn wir nicht mit dieser auf irgendeiner erdenklichen Art und Weise interagieren. Doch sage ich dir, es ist eben ein bedeutsamer Fehler zu glauben, dort draußen sei eine einheitliche und unerschütterliche Version der Welt, welche auch für sich selbst betrachtet, ohne das Zutun eines erkennenden Lebewesens, weiter existieren kann. Die Welt ist sogar ganz und gar abhängig von einem Lebewesen, welche diese wahrnimmt! **Alle Eigenschaften, die wir der Welt zuschreiben, gelangen erst in dem Moment unserer Wahrnehmung in diese, denn ausnahmslos alles, was wir über die uns bekannte Welt wissen und somit sagen können, wurde uns zuvor ausschließlich über unsere Sinnesorgane vermittelt!**

Unsere fünf Sinne *hören, riechen, schmecken, sehen, sowie tasten* vermitteln uns hierbei allerdings zu keinem Zeitpunkt ein **original 1:1 Abbild** der Welt, sondern stets nur eine **geistige Interpretation** bzw. ungefähre **Vorstellung** von einer Welt!

Denn auch wenn oberflächlich betrachtet fast alle uns bekannten Lebewesen über vergleichbare Sinnesorgane verfügen, **Haut, Augen, Nase, Ohren, Zunge,** so bleiben diese dennoch für die jeweilige Spezies individuelle Konstruktionen und in Verbindung mit den unterschiedlich ausgeprägten Gehirnen der Lebewesen entstehen somit die unterschiedlichsten geistigen Variationen / Vorstellungen von einer Welt, wovon jedoch keine als „**die Welt schlechthin**" definiert werden kann! Vielmehr ist es so, dass jedem erkennenden Wesen eine eigene ganz persönliche individuelle Version seiner Umwelt offenbart wird. Die jeweilige Darstellung ist hierbei jedoch stets **geistiger Natur.** Alles was du jemals in deinem Leben erlebt hast, hat nicht außerhalb von dir stattgefunden, **sondern wurde vielmehr wie bei einem Projektor von innen nach außen projiziert!** Unsere Sinnesorgane übermitteln uns zwar die Daten der vermeintlichen ''Außenwelt'', jedoch können sie dies stets nur so tun, wie es ihnen aufgrund ihrer Konstruktion ermöglicht ist dies zu tun. Der Verstand **verarbeitet und interpretiert** schließlich diese nun bereits schon durch die Sinne **verfälschten Daten** der Außenwelt, um aus ihnen schlussendlich ein **digitales bzw. geistiges Abbild der Welt zu kreieren!** Die von uns wahrgenommene Welt befindet sich somit nur vermeintlich außerhalb von uns. In Wirklichkeit ist es allerdings genau gegenteilig. **Die Welt mit all ihren von uns wahrgenommenen spezifischen Eigenschaften entsteht erst durch uns und das, was schließlich wahrgenommen wird befindet sich stets in uns!** Zehn unterschiedlich konstruierte Lebewesen erfahren somit die gleiche Umgebung dennoch auf zehnfach unterschiedliche Art und Weise! Und dies, obwohl sie allesamt die gleichen Daten der Welt zur Verfügung haben! **Solange die Daten der Welt jedoch von keinem Lebewesen wahrgenommen werden, befinden sich diese in einem -Schwebezustand-. Die Daten spiegeln hierbei ein gewisses Potential wieder, ein Potential, welches stets so lange bestehen bleibt, bis schließlich ein erkennendes Lebewesen mit diesen in <u>Interaktion</u> tritt!** Die Variationen der Welt entstehen somit aufgrund der unterschiedlichen Wechselwirkung zwischen **Subjekt** und **Objekt.** *(Das was erkennt. /*

Das was erkannt wird!) Auch wenn
die Daten der Welt, welche von den
unterschiedlichen Lebewesen verarbeitet
werden, stets vollkommen identisch
übereinstimmend sind, so sorgt **die Variable**
der verschieden konstruierten Gehirne,
sowie Sinne, dennoch für die Aufspaltung
der Welt in die verschiedensten
Erscheinungsformen / Vorstellungen
von einer Welt. Alle Eigenschaften die wir
als Spezies Mensch den Objekten der Welt
zuschreiben, sind somit nur so lange
existent, wie wir diese auch mit unseren
spezifischen Sinnesorganen wahrnehmen!
**Ein Apfel z.B. erhält all seine uns
bekannten Eigenschaften, wie Geruch,
Geschmack, Farbe und Beschaffenheit
der Oberfläche, stets und ausschließlich
nur dann, wenn er auch von uns
Menschen wahrgenommen wird!**
Wird der besagte Apfel dagegen von einem
anderen Lebewesen, wie z.B. einem Hund
wahrgenommen, ändert sich dessen
Beschaffenheit schlagartig, denn der Apfel
erscheint dem Hund niemals so, wie er
zuvor uns Menschen erschienen ist,
sondern so wie es dem Hund aufgrund
seiner Konstruktion ermöglicht ist diesen
wahrzunehmen! **Wenn der Apfel hingegen
von keinem Lebewesen mehr
wahrgenommen wird, verfallen dessen
Daten, und somit auch deren**

21

Eigenschaften wieder zurück in ihren ursprünglichen -Schwebezustand-, oder anders formuliert zurück in den Zustand, der schier unendlichen Möglichkeiten, <u>widergespiegelt durch das Potential der variablen Wahrnehmung identischer Daten</u>!

„Der Beobachter und dessen wahrgenommene Umwelt gehen dementsprechend eine beständig andauernde gegenseitige Wechselwirkung miteinander ein!

Ohne Subjekt kein Objekt
Ohne Objekt kein Subjekt!

Die uns gewohnte materialisierte Darstellung einer Welt kann folglich stets nur im Moment ihrer geistigen Wahrnehmung durch ein Subjekt entstehen und bestehen!"

Wer oder was ist Gott?

Dadurch, dass es bereits etwas Seiendes gibt, müssen wir davon ausgehen, dass es das sogenannte Nichts in seiner reinsten Form überhaupt nicht geben kann, denn wäre dieser Zustand zuvor tatsächlich jemals eingetreten, so könnte das heutige Existierende logischerweise überhaupt nicht sein. **Folglich muss es also schon immer etwas Ursprüngliches gegeben haben, etwas Unerschaffenes und bereits schon immer da gewesene! Mit einem Wort... „Gott!"**

Den größten Fehler, welchen du nun allerdings begehen kannst, ist zu glauben, dass dieser Gott ein bewusst planendes und agierendes gütiges Wesen ist, welches mit schützendem Auge auf das Weltgeschehen herabschaut. **Nein! Bei diesem Gott handelt es sich nicht um einen allwissenden Mann mit langem weißem Bart, sondern vielmehr um ein schöpferisches Prinzip. Eine Kraft gleich einem Reflex; eine Kraft die nichts vermag, außer sich aus sich selbst heraus hervorzubringen!**

Das gesamte Universum mitsamt unseres Planeten und unserer umfangreichen Natur sind hierbei die manifestierten Objektivationen eben genau dieser schöpferischen ursprünglichen Kraft.

Die gesamte Welt inklusive dir und Mir ist das Spiegelbild ein und desselben identischen Gottes!

Gott ist viel zu gewaltig, um nur eines sein zu können. Zumal die Aufspaltung hinüber in die Vielheit wesentlich mehr Möglichkeiten der eigenen Entfaltung bietet, als die vollkommene Einheit.

Denn auch wenn diese zwar einer perfekten Ordnung gleicht, so liegen in der Unordnung oder im Chaos, wenn man denn so möchte, noch viel umfangreicherer Möglichkeiten verborgen!

„Es gibt z.B. stets nur eine einzige perfekte Ordnung eines Kartenspiels, doch jedes Mal, wenn man ein gut gemischtes Kartenspiel in die Hand nimmt, kann man davon ausgehen eine neue beliebige Reihenfolge von Karten in der Hand zu halten, eine zwar chaotische aber dafür einzigartige Zusammensetzung von Spielkarten, die es so bislang zuvor noch nicht gegeben hat!"

Genauso verhält es sich nun auch mit Gott, dieser **„schöpferischen Kraft"**, welche sich in den unterschiedlichsten **Erscheinungsformen / Variationen** <u>ihrer selbst bewusst wird</u>!

Die Einheit Gottes verläuft in unsagbar
viele Einzelerscheinungen (Spielfiguren)
objektiviert als Stein, Pflanze, Tier,
Mensch und noch so vielem mehr.
**Jedes Lebewesen, welches diese Welt
erblickt, ist somit in Wirklichkeit nichts
anderes als Gott, welcher unbewusst sein
eigenes Spiegelbild betrachtet!**

*„Ein endloses göttliches Spiel der beständig
wechselnden Erscheinungsformen seiner
selbst mit sich selbst!"*

Dadurch, dass Gott als erstes
unerschaffenes, sowie ursprüngliches
Prinzip angesehen wird, müssen
wir auch gleichzeitig davon ausgehen,
das es zu keinem Zeitpunkt jemals etwas
anderes als eben Gott gegeben haben kann!
Denn ähnlich wie mit Knetmasse, welche
zwar auch die unterschiedlichsten
Erscheinungen / Formen annehmen kann,
aber dennoch stets aus derselben identischen
Substanz besteht, verhält es sich nun auch
mit Gott, **welcher, obwohl in seinen
äußeren Erscheinungsformen
verschieden, dennoch auf ewig
Gott bleiben wird!**

Alles was Gott jemals geschaffen hat,
musste er aufgrund des Dilemmas,

das außer ihm selbst überhaupt nichts
Weiteres existiert, somit stets aus sich
selbst heraus hervorbringen!

**Die Misere Gottes liegt dementsprechend
in seiner alleinigen Existenz verborgen!**

**„Es gab nur Gott, gibt nur Gott, und wird
stets nur Gott geben, lediglich dessen
objektivierte Erscheinungen wandeln sich
und wirken verschieden!"**

Gibt es einen Sinn des Lebens?

Die schöpferische Kraft welche wir
Gott nennen möchte egal ob bewusst
oder unbewusst stets nur das eine…,
sie will sich selbst spüren, erfahren
und verstehen. Damit ihr dies gelingt,
ist jedoch eine schier unzählbare Anzahl
an unterschiedlichen Variationen ihrer
selbst von Nöten!

> **„Genau aus diesem Grund entfaltet sich
> die Einheit hinüber in die Vielheit!"**

Jedes Lebewesen folgt einer Art
spezifisch vorprogrammierter Abfolge
von unterschiedlichsten Verhaltensmustern.
Eine Spinne z.B. muss genau so wenig
lernen ihr Netz zu spinnen, wie ein
Vogel, welcher zum ersten Mal sein
Nest konstruiert. Anhand dieser beider
Lebewesen lässt sich bereits sehr schön
erkennen, dass Tiere einer bereits zuvor
schon vordefinierten Programmierung
folgen!

Die Spinne konstruiert ihr Netz; wartet auf
Beute, repariert, pflegt und erneuert ihr
Netz, um schließlich wieder aufs Neue auf
ihre Beute zu lauern. Ein zwar sehr simpler,
aber dennoch effektiver endloser Kreislauf,

welcher bis zu ihrem Tod ihr Dasein
bestimmen wird!

Mich persönlich erinnert dies stets an ein
kleines nett geschriebenes **Programm,**
welches allerdings sehr eingeschränkt ist,
was die eigene Möglichkeit der
Weiterentwicklung, sowie der Abweichung
vorprogrammierter Normen betrifft!
**Im Grunde, ist doch jedes Lebewesen
darauf bedacht, sich selbst zu erhalten
und zu vermehren. Sie versuchen
Schmerz zu vermeiden und positive
Zustände zu generieren, sowie aufrecht
zu erhalten. Sie wollen ihren Nachwuchs
beschützen, suchen Wasser, Nahrung
und einen sicheren Ort zum Schlafen.**
Über diesen Grundbedürfnissen hinaus liegt
der Sinn des Lebens wohl darin verborgen,
dem eigenen Leben einen eigenen ganz
persönlichen Sinn zu verleihen!
**Der Sinn des Lebens ist bereits das Leben
selbst, denn hauptsächlich geht es wohl
um die Erfahrungen, welches selbiges
mit sich bringt!** Diese Welt dient der
absoluten Selbsterkenntnis einer göttlichen
schöpferischen Kraft, somit dient das
Leben in dieser ebenfalls mit dazu bei,
um die **Erfahrungen** zu sammeln, welche
für eine <u>allumfassende</u> Selbsterkenntnis
benötigt werden!

Warum bedeutet leben leiden?

*„Das Besondere an uns Menschen ist,
das wir sowohl Subjekt als auch Objekt
zugleich sind, was bedeutet, dass unser
Körper zwar ein Objekt unter Objekten
darstellt, wir wiederum aber auch
gleichzeitig das Subjekt sind und
somit das was wahrnimmt!"*

Unser eigener Körper ist somit das einzige
Objekt unter allen Objekten, zudem wir
aufgrund unserer **Doppelnatur** eine direkte
Innenperspektive erfahren können!
Und was erfahren wir nun, wenn wir damit
beginnen unser eigenes Gefäß von innen zu
betrachten? Wir erfahren **"das Wollen"**
In all seinen unvorstellbaren zahlreichen
**Variationen, Perversionen, sowie
Ausprägungen!**

Das Leben beherbergt das Wollen, und
somit bereits von Anbeginn auch das Leiden
in sich, so wie die Wolke den Regen trägt.
Denn überhaupt erst dadurch, dass wir
beständig vom Wollen angetrieben und
beherrscht werden, leiden wir ja überhaupt
erst. Entweder wollen wir etwas, oder wir
wollen etwas nicht, aber allesamt wollen
wir, und das jeden Tag aufs Neue!

Doch auch in der Pflanzenwelt und dem gesamten Tierreich schaut dieser Umstand vollkommen gleich aus, lediglich die Ausprägungsgrade des Wollens sind aufgrund der unterschiedlichen Stufen der Komplexität der einzelnen Individuen unterschiedlich stark ausgeprägt.

- *Die Pflanze gehört zu der niederen Stufe und will sich erhalten, verbreiten und wachsen!*
- *Das Tier wiederum will sich selbst erhalten, vermehren, positive Zustände erzeugen und negative verhindern!*

Der Mensch wiederum ist aufgrund seiner enorm hohen Komplexität dazu verdammt, zugleich auch den höchsten uns bis dato bekannten Grad des Wollens erhalten zu haben und leidet somit logischerweise auch am Meisten. Es dauert nicht mehr lange, schon sehr bald, werden bereits 8 Milliarden Menschen auf diesem Erdball herumturnen, und sich gegenseitig bei der Erfüllung ihrer Träume, Wünsche und Sehnsüchte missbrauchen oder in die Quere kommen. So unglaublich viele unterschiedliche Gehirne, zig Milliarden, allesamt angetrieben vom vielseitigen variablen Drang des beständigen Wollens.

Kein Wunder also, das sich das Leben in dieser Welt beständig gegenseitig in die Quere zu kommen scheint, es kann eben aufgrund der gegebenen Umstände einfach nicht anders!

Besitzt der Mensch
einen freien Willen?

Solange es zweier Komponenten bedarf, Gehirn sowie Bewusstsein, wird eines von beiden beständig aktiver und das andere stets passiver Natur sein! Während das eine stets „**erlebt**", und somit ausschließlich „**passiv**" fungiert, sorgt das andere wiederum dafür, dass es auch beständig etwas Neues zum Erleben gibt! Denn wie der Begriff „**Bewusstsein**", also **bewusst** und **sein** eventuell auch bereits schon vermuten lassen könnte, wird sich dieses nämlich ausschließlich den Dingen bewusst und ist somit stets **passiver Natur!** Das Gehirn wiederum, welches schaltet, verwaltet und erzeugt, ist folglich die **aktive Komponente** dieser **Dualität!** Doch auch, wenn beide Komponenten durch eine Art „**Symbiose**" miteinander „**verschränkt**" zu sein scheinen **(Sender /Empfänger),** bleibt dennoch jeder Schuster bei seinen eigenen Leisten. **Das Gehirn leistet die Arbeit und das Bewusstsein hat das Vergnügen, oder aber auch eben nicht, je nachdem wie unterhaltsam das aktuelle Programm namens Leben gerade zu sein scheint!**

Der Mensch kann somit stets tun was er will, aber er kann niemals bewusst und kontrolliert entscheiden, was er denn nun überhaupt will! Das Bewusstsein erlebt beständig Gedanken, Gefühle, sowie Handlungen, und eben genau dadurch, dass es diese **„erlebt"**, entsteht eine **„Identifizierung"** des Erlebten. Genau in diesem Moment beginnt diese geniale Täuschung, damit ihren bahnbrechenden Effekt voll zu entfalten. **Weil das Bewusstsein beständig mit Gedanken, Handlungen und Gefühlen überflutet wird, entsteht eine fast konstant durchgehende Identifizierung, und somit auch eine permanente Anhaftung an das Erlebte!** Bereits Buddha erklärte jedoch in seiner Lehre, dass zwar Handlungen, Gedanken, sowie Gefühle geschehen, diese aber von niemandem bewusst getan, erdacht oder kontrolliert werden.

„Handlungen geschehen doch es gibt keinen Handelnden!" -Buddha

Der deutsche Philosoph Arthur Schopenhauer beschrieb diesen Umstand mit folgenden Satz:

33

"Der Mensch kann nicht wollen was er will!"
-Arthur Schopenhauer

Der Mensch kann zwar stets das tun was er will, aber niemals entscheiden was er denn überhaupt will!

„Leben bedeutet lediglich ein Leben zu erleben!"

Solange das Bewusstsein durch eine Art **Symbiose** mit dem Hirn des Menschen verknüpft ist, wird dieses all das erleben können, was dessen **"Wirtskörper"** erfährt! **Das Bewusstsein erlebt somit ein gesamtes Leben, mitsamt den gesamten dazugehörigen Erfahrungen, welche damit verbunden sind, jedoch ohne dabei selbst jemals etwas aktiv geleistet zu haben!**

Diese Stimme in deinem Kopf, für welche du selbst dich hältst, jeder einzelne Gedanke, jedes Gespräch oder Selbstgespräch, jede Handlung und alle Gefühle, welche du bis zum heutigen Tage erfahren hast, und **mit dir selbst und deinem „ich" aufgrund der Identifizierung in Zusammenhang gebracht hast,** wurden von dir in Wirklichkeit lediglich aus der

34

Beobachterperspektive des Bewusstseins erlebt, und somit lediglich erfahren!

Der Film des Lebens... Deines Lebens!

Existiert ein Weg zur Erlösung?

Dadurch, dass wir alle vom Drang des kontinuierlichen Wollens malträtiert werden, und der freie Wille sich darauf zu beschränken scheint, das wir zwar stets das tun können was wir wollen, aber niemals entscheiden können was wir denn nun wollen, wäre es wohl am Ratsamsten, dem Drang dieses Wollens entgegenzuwirken, indem man lernt diesen zunächst kontrolliert zu zügeln, und am Ende gar das Wesen des Wollen selbst zu verneinen und umzukehren. **Wenn der beständige und nie endgültig zu befriedigende dauerhafte Drang des Wollens das Problem des menschlichen Leidens beinhaltet, muss es unsere Hauptaufgabe werden, diesen unangenehmen Umstand in kontrollierte Bahnen zu manövrieren!** Dieser Aspekt kann nun genauso gut problemlos auf unsere Gedanken und Gefühle übertragen werden. Solange ich mich jedes Mal aufs Neue, z.B. sofort mit dem Gefühl der Wut identifizieren, sobald auch nur ein Hauch davon in das Bewusstsein emporsteigt, habe ich das Spiel bereits verloren, falle auf die Täuschung herein und gehe nun wie ein Idiot davon aus,...

...ich bin wütend.

**Anstatt richtigerweise zu dem Entschluss
zu kommen,...**

**„...oh was ist das denn?
Ich erlebe oder erfahre
ja lediglich dieses Gefühl der Wut!
Wow, und das geht ja mit etwas Mühe
sogar ganz ohne Anhaftung!"**

*Es liegt also letztendlich an jedem selbst,
ob man sich nun dieser Welt der zahlreichen
Täuschungen vollkommen hingeben möchte,
und somit jeder Gedanke, jedes Gefühl,
sowie alle Handlungen ihren
unkontrollierten natürlichen freien Lauf
nehmen. Oder aber, ob man damit beginnt
sich mit sich selbst und der eigenen
Funktionsweise auseinander zu setzen,
um zumindest schon einmal zu erkennen,
wo die wahren Zügel verborgen liegen,
und auf welche Art und Weise sie in etwa zu
funktionieren scheinen.*

*Setz dich an einen ruhigen Ort, schließe
deine Augen und lerne dein eigenes inneres
Treiben ohne sofortige Anhaftung „neutral"
zu beobachten. Erkenne, dass dieser ständig
andauernde innerliche Dialog, welchen du
bis dato für dein eigenes ich gehalten hast,
in Wirklichkeit nicht dein wahres selbst
darstellt.*

Dein ich ist lediglich ein Netz aus unterschiedlichsten Informationen, Erfahrungen, sowie Prägungen, welche sich im Laufe der Jahre deiner Entwicklung um den Magneten, welcher deinen Namen darstellt, herum gebildet haben und in ihrer Gesamtheit, ein künstliches einheitliches Gefühl eines ich´s erzeugen! Genau dieses künstliche ich ist es mit welchem du dich als Bewusstsein fälschlicherweise gleich setzt.

Du musst lernen damit zu beginnen Gedanken ohne Anhaftung wahrzunehmen und sie dann aber auf Wunsch auch wieder weiter ziehen zu lassen. Du darfst dich nicht länger von jeglichen Gefühlen beherrschen und kontrollieren lassen, sondern du musst erkennen, dass sie dir förmlich aufgezwungen werden.

„Du bist erst dann wirklich wütend, wenn du tatsächlich davon überzeugt bist wütend zu sein!“

Bedeutet der Tod
das endgültige Ende?

In dieser Welt bedeutet der Tod lediglich die Wandlung des einen hinüber in das andere, das alte muss beständig weichen, damit neuen Figuren ermöglicht wird ihren Platz auf der Bühne des Lebens antreten zu können!

„Gottes für sich selbst gestaltete Theaterbühne, welche wir als Welt oder Weltall bezeichnen, muss sich beständig wandeln, zerstören, sowie erneuern, damit diese zur Gänze ihren Sinn und Zweck erfüllen kann... Die bestmögliche, facettenreiche, gleichzeitige Selbsterfahrung des einen und einzigen Gottes!"

Gott hat nämlich nichts davon, wenn er sich zwar zunächst in verschiedenen Lebewesen inkarniert, aber dann für alle Zeit seine Erfahrungen allein auf selbige reduzieren, beschränken, sowie eingrenzen muss. Ein solch allumfassendes unvergleichliches Wesen wie Gott, kann wohl auch niemals ein endgültiges Stadium erreichen, wo es sich zur Gänze verstanden hat. Ihr Wandel und der damit eingehende Variantenreichtum ihrer

Erscheinungsformen scheinen gar schier unendlich zu sein.

Gott nutzt sich selbst gleich einer Knetmasse, welche auf ewig immer und immer wieder ihre Erscheinungsformen wandelt, aber stets aus ein und derselben Substanz besteht. Doch selbst, wenn dies bedeuten möge, das unser **persönliches Ich** nach dem Tode tatsächlich verloren ginge, so sollte es vielleicht dennoch für jeden von uns ein recht tröstlicher Gedanke sein, das wir alle auf die eine oder andere Art und Weise doch wieder den Weg zurück in diese Welt finden.

„Nur diesmal in einer anderen Gestalt und ohne Erinnerung an das vorherige Dasein!"

Vielen von uns jagt aber eben genau dieser eine Gedanke, die größte Angst und Sorge ein. Dabei vergessen die meisten aber wohl, dass bereits ein unglaublich langer Zeitraum vor ihrer Geburt stattgefunden hat, zumindest habe ich bis jetzt noch niemanden getroffen, welcher mit mir voller Sorge über die Zeit vor seiner Geburt sprach, aber fast alle Menschen sind entsetzt oder gar erbost darüber, das nach ihrem Tode ein weiterer Zeitraum ohne sie stattfinden soll!

Um dem ganzen etwas entgegen zu wirken, könnten wir uns aber auch natürlich die Frage stellen, was wohl mit den ganzen **Erfahrungen, Erinnerungen**, oder besser gesagt **Informationen** geschieht, welches jedes Lebewesen im Laufe seiner Existenz erfährt und abspeichert. Ich halte es daher für durchaus realistisch, das besagte Informationen, auf irgendeiner erdenklichen Art und Weise, weiterhin Fortbestehen und somit bewahrt und erhalten bleiben. Warum auch sollte Gott, all diese wertvollen Erfahrungen, Erlebnisse, sowie Erkenntnisse seiner selbst, so einfach verloren gehen lassen? Auch wenn seine ganzen Erscheinungen etwas makaber als Einwegprodukte bezeichnet werden könnten, so kommt es aber doch wie bei einer Kamera dieser Machart, ganz darauf an den eingelegten Film und somit die an die Fotos geknüpften Erinnerungen zu erhalten. **Eventuell** also mag es möglich sein, das die ganzen Informationen, welche im gesamten unser eigenes sogenanntes ich ausmachten, weiterhin Fortbestehen oder gar in einer Art **Recyclingprozess** aufs Neue **wiederverwertet** werden. Zumindest könnte man sich somit auch erklären, weshalb es genügend Berichte über Menschen gibt, welche sich manche mehr manche weniger an ein vorheriges Leben oder zumindest gewisse Orte und Plätze erinnern konnten.

Oder wie es möglich sein kann, dass ein paar wenige Kinder bereits in sehr jungen Jahren, Fähigkeiten besitzen, wofür ein Jugendlicher bzw. Erwachsener zunächst sehr viele Monate und Jahre Übung und Talent benötigten würde. Es scheint also durchaus möglich zu sein, das so etwas wie ein **kosmisches Gedächtnis,** wo alle jemals gesammelten Informationen sicher verwahrt sind, tatsächlich existiert, und ein paar wenige Menschen scheinen auf eine besondere und spezielle Art darauf zugreifen zu können.

„Noch spezifischer betrachtet kommen wir an den Punkt, wo uns erneut klar werden muss, dass unser wahres Wesen das ist, was zwar alles erfährt, aber selbst nie etwas tut. **Das Bewusstsein!"**

Dadurch, dass wir solange dieser Körper lebt, sowieso stets nur das erleben, was der Körper erlebt und das eigene ich stets nur mit der Identifizierung des erlebten entsteht und besteht, kann man sich auch schließlich dahingehend beruhigen, indem man erkennt, das dieses Bewusstsein nicht mit dem Tode des Körpers verloren geht, **sondern lediglich die Verbindung zwischen Bewusstsein und Hirn getrennt wurde!**

**Das Bewusstsein geht dadurch jedoch
selbstredend nicht verloren!** Auch
diesbezüglich gibt es bereits genügend
ausführlich dokumentierte Vorfälle,
insbesondere bei **Komapatienten,
Nahtoderfahrungen, sehr
traumatisierenden Erlebnissen und
den Luziden träumen (Klartraum).**
Welche allesamt darauf hindeuten, dass das
Bewusstsein auch <u>unabhängig</u> vom Körper
weiterhin seine Funktion beibehält, und
eine zwar eingeschränkte, aber dennoch
fortbestehende Interaktion ermöglicht bleibt.

Gut oder böse,
welchen Weg soll ich gehen?

Gott unterscheidet nicht zwischen Gut und Böse, ihm geht es allein um die Erfahrung, welche jede Handlung automatisch mit sich bringt. Bei einem Mord ist Gott beispielsweise Mörder, sowie Ermordeter zugleich, **somit erfährt er sich auch zeitgleich sowohl als Täter als auch als Opfer!** Schließlich ist diese uns bekannte Welt genau für solche Zwecke entstanden. Die gesamte Natur zeigt uns hierbei, wie grausam diese Erfahrungen sein können, welches ein Tier ertragen muss, wenn das eine das andere bei noch lebendigem Leibe bereits anfängt zu verspeisen.

Doch auch hier geht es wieder um die beidseitige, gleichzeitige Erfahrung des fressen und gefressen werden. Es gibt eine schier unzählige Anzahl an Perversionen, welche Gott dienlich sein können, um sich selbst beständig mehr zu verstehen, sowie konstant zu spüren. **Der Mensch jedoch, welcher sich in seinem eigenen Größenwahn, selbst mit dem Titel des Homo sapiens gekrönt hat, wird nicht als solches geboren, sondern er muss sich den Status des weisen, klugen, sowie vernunftbegabten Menschen beständig**

jeden Tag seines Lebens aufs Neue verdienen!

Es liegt also nun an jedem Menschen selbst, ob er sich dem schlechten hingibt und somit schließlich den Titel des Homo sapiens aberkannt bekommt, oder aber ob er sich dem langen einsamen sowie steinigen Weg der Weisheit und Vernunft stellt und verpflichtet, um schließlich zum wahren Menschen zu avancieren.

Doch mit der Berufung auf Weisheit und Vernunft folgt auch eine tagtägliche schwere, kaum einzuhaltende Bürde, welche einiges an Verzicht und starken Nerven abverlangt.

Unüberlegte impulsive Handlungen, das sich hingeben und verlieren in Menschen oder materiellen Besitz, sowie Reichtümern, der Drang nach Macht, Status, sowie Anerkennung, Ungeduld, Zorn, Wut und Aggression, Süchte und Triebe. Dies alles sind Eigenschaften, welche sich in keinster Weise mit Begriffen wie Weisheit, Vernunft oder Intelligenz vereinbaren lassen können!

„Information ist das, was informiert. Also das, wovon Daten abgeleitet werden können. Kein Materialismus, der dies nicht einräumt, kann heute noch überleben!"

-Norbert Wiener

Der Mensch hatte schon immer die Sehnsucht sich in andere Welten zu flüchten, was zunächst mit Geschichten am Lagerfeuer begann, ermöglichen uns heute Computer, sowie Videospiele, aber auch Film und Fernsehen. Dazwischen lagen Bücher, Theaterstücke, Gladiatorenspiele und dergleichen. Diese spielen in unserer heutigen Zeit aber wohl eher eine untergeordnete Rolle, denn mit dem Fortschritt unseres Jahrhunderts, wurden auch die Welten in die wir uns flüchten können immer fortschrittlicher.

In einer Welt mit Computern, Playstation und Co, ist kaum noch Platz für die Rückzugsorte der vergangenen Generationen. Schon längst werden wir von einer Welt der **Daten und Simulationen** dominiert, und dies wird auch dankend von unserer Gesellschaft angenommen, was man an Spielen wie **Die Sims, Grand Theft Auto oder World of Warcraft** deutlich erkennen kann! Was früher als unmöglich gegolten hätte oder als Hexerei abgetan worden wäre, ist für uns heute etwas völlig alltägliches und wird als vollkommen normal und natürlich empfunden.

Egal wo wir hinschauen, befinden sich Menschen in **digitalen Welten.** Die Entwicklung von *Smartphones, Tablets,* sowie *tragbaren Spielekonsolen,* machen uns dies schließlich auch sehr einfach. Überall sieht man irgendwelche Bildschirme aufblitzen, um ihre Besitzer in eine Welt voller Daten zu bannen.

**„Da fragt man sich doch,
wer besitzt hier eigentlich wen?"**

Doch was wäre, wenn ich Ihnen nun sagen würde, das unser gesamtes Universum lediglich solch eine **digital simulierte Welt** ist, wo ein Jeder von uns nur ein Teilprogramm innerhalb dieses Systems darstellt, und das alles, was wir um uns herum wahrnehmen, ausschließlich eine Ansammlung von Daten ist, einschließlich Sie selbst?

**Was würde diese bahnbrechende
Erkenntnis für uns Menschen bedeuten,
und welche Veränderungen würden sich
dadurch in unserem Dasein etablieren?**

Könnte die Menschheit mit dieser radikalen Umwälzung ihres bis jetzt gewohnten Weltbildes überhaupt umgehen, oder wären wir überfordert mit dieser völlig neuen Situation?

Wir alle, nur eine Ansammlung von Daten? Genauso wie die Welt, in der wir leben? Ich denke, bei den Meisten wird in genau diesem Moment der Reflex des Selbstschutzes einsetzen, welcher dafür sorgt, dass diese neue Sicht der Welt als vollkommende Spinnerei von irgendeinem Verrückten abgestempelt wird, damit das bis jetzt Gewohnte und Altbekannte, erhalten werden kann.

Wie werden Sie reagieren?

Die Datenwelt ist eine Theorie, welche die Behauptung aufstellt, dass unser gesamtes Universum im Grunde wie eine gigantische **Computersimulation** konstruiert ist, und daher wohl auch am ehesten mit einer **digitalen Simulation** verglichen werden kann.

Sicherlich werden Sie sich zunächst etwas schwer damit tun, diese Theorie wirklich ernst zu nehmen, doch wir werden uns nun Stück für Stück die Indizien anschauen, welche das Fundament dieser Theorie bilden. Am Ende liegt es an Ihnen, wie weit Sie diese Denkweise nachvollziehen und für sich selbst vertreten können.

Haben Sie sich selbst jemals die Frage gestellt, was wohl aus den Objekten der Welt wird, wenn kein Lebewesen da ist, welche diese wahrnimmt? Für jemanden, der nicht aus dem Bereich der Philosophie stammt, mag dies zwar zunächst etwas seltsam oder befremdlich klingen, doch ist genau diese Frage auch ein wichtiger Bestandteil der heutigen **Quantenphysik,** welche uns das moderne Computerzeitalter überhaupt erst ermöglicht hat.

Zur Klärung dieser Frage, spalten wir die Welt zunächst in **Subjekt** *(das was wahrnimmt)* und **Objekt** *(das was wahrgenommen wird)* auf.

Aus der Beziehung zwischen Subjekt und Objekt lässt sich nun wiederum eine Gesetzmäßigkeit ableiten, welche besagt, dass die Welt, die wir tagtäglich erfahren, ohne ein erkennendes Lebewesen, welche diese Welt wahrnimmt, überhaupt nicht in der für uns bekannten Form bestehen kann!

Bei Ihnen als Mensch, geschieht dies über Ihre fünf unterschiedlichen „Sinnesorgane".

1.
„sehen mit den Augen"
2.
„hören mit den Ohren"
3.
„riechen mit der Nase"
4.
„schmecken mit der Zunge und der Nase"
5.
„fühlen mit der Haut"

Jedes dieser einzigartigen Sinnesorgane, dient mit dazu bei die *Informationen / Daten* der "Außenwelt" in Form von **elektrischen Impulsen** weiter an Ihr **Gehirn** zu transferieren.

Wenn Sie sich jetzt zum Beispiel einmal in Ihrer Umgebung etwas genauer umschauen, werden Ihnen sicherlich zahlreiche Objekte ins Auge stechen, welche Sie nur deshalb überhaupt bildlich wahrnehmen können, weil zuvor das Licht von diesen Objekten zurück in Ihre Richtung reflektiert wurde.

„Prallt ein Lichtstrahl auf ein Objekt, speichert dieser die Informationen des jeweiligen Gegenstandes!"

Gelangt besagter **Lichtstrahl** nun aufgrund der **Reflexion** wieder zurück in Ihre Augen, werden die in dem Lichtstrahl enthaltenen Informationen, an Ihr Gehirn weitergeleitet, wo die eingetroffenen Informationen der ''Außenwelt'' schließlich **verarbeitet** und **interpretiert** werden.

„Die Darstellung der Welt in der Sie sich befinden, existiert daher im Grunde nur in Ihrem Kopf (Gehirn), der Ort, wo die für uns bekannte und gewohnte Wirklichkeit überhaupt erst zu entstehen beginnt!"

Entscheidend hierbei ist die Erkenntnis, dass die Informationen der Außenwelt, **aufgrund der variablen Konstruktionen und Verknüpfungen der verschiedenen Sinnesorgane, mit den unterschiedlichen Gehirnen** der einzelnen Individuen, die Darstellung der jeweiligen Umwelt bei jedem Lebewesen ganz <u>individuell</u> und <u>einzigartig</u> dargestellt wird!

Dies bedeutet, dass wir als Homo sapiens zwar im Großen und Ganzen alle eine zumindest recht ähnliche Version der Welt erfahren, doch ist eben diese Welt zu keinem Zeitpunkt **„die Welt"**, da man <u>niemals</u> von einer einheitlichen Variation der Welt ausgehen kann!

Auf unserem Planeten existieren schätzungsweise 8 Millionen unterschiedliche Tierarten, von denen jedes dieser Lebewesen mit vollkommen anderen und einzigartigen Sinnesorganen ausgestattet ist. Auch wenn sie unseren Sinnen oftmals sehr ähnlich sind, **so bleiben sie dennoch individuell** und übertragen daher die Informationen der Welt, jeweils auf einzigartige Weise an das Gehirn des jeweiligen Lebewesens weiter.

Auch die Gehirne der unterschiedlichen Lebensformen auf unserem Planeten sind keinesfalls identisch, sondern für jede Spezies ein Unikat, was bedeutet, dass jedes Lebewesen seine eigene, ganz persönliche **"Vorstellung"** von einer Welt erfährt!

Wie dem jeweiligen Lebewesen diese Welt erscheint, hängt ganz von dem <u>Zusammenspiel</u> und der <u>Funktionsweise</u> der **Sinnesorgane,** sowie dem **Gehirn** ab!

Die Welt, welche Sie tagtäglich erfahren, ist also nicht die eine und einzige Darstellung der Welt, **sondern allein Ihre ganz persönliche Vorstellung von einer Welt,** und Sie erleben diese lediglich so, wie es Ihnen als Mensch aufgrund ihrer Konstruktion ermöglicht ist sie zu erleben!

Alle Eigenschaften, die Sie den Dingen der Welt zuschreiben, existieren nur für Sie als Mensch ganz individuell!

Farben, welche Sie z.B. wahrnehmen, können für andere Lebewesen schon wieder ganz anders erscheinen!

In diesem Fall hängt es ganz davon ab, wie die Augen des jeweiligen Subjekts konstruiert sind und somit, wie diese die "Daten" der Außenwelt an das Gehirn weiterleiten!

Das Zusammenspiel der unterschiedlichsten Sinnesorgane, in Verbindung mit den unterschiedlichsten Gehirnen, erzeugt die unterschiedlichsten Vorstellungen von einer Welt, wobei jedoch **keine** von diesen die wirklich richtige ist!

Zu behaupten, die Welt könne also für sich selbst bestehen, ist daher ein großer Irrtum, da die Voraussetzung für diese, in dem Fall gar nicht gegeben wäre…

...„das Subjekt"!

Ich muss folglich, aufgrund dieser
Erkenntnisse davon ausgehen, dass die uns
bekannte Welt in Wirklichkeit tatsächlich
nur aus Daten bzw. Informationen besteht!

Diese Schlussfolgerung beziehe ich aus der
Überlegung, dass die Welt unabhängig einer
Wahrnehmung durch ein Lebewesen, im
Grunde nur aus Daten bestehen kann.

**Daten sind das einzige mir bekannte
Element, was auch unabhängig einer
Wahrnehmung durch ein Lebewesen
weiterhin bestehen kann!**

Zwar kommt es dann zu keiner
Interpretation und somit Umwandlung,
sowie Darstellung einer „Realität" innerhalb
des jeweiligen Lebewesens, welches diese
Daten wahrnimmt. Dennoch sind diese
weiterhin existent und zwar in Form eines
gewissen **„Potentials"!**

Dieses Potential bleibt solange bestehen,
bis ein Lebewesen auftaucht, welches das
Potential auf irgendeiner Art und Weise
ausschöpfen kann. Ab dem Moment wird
aus diesem Potential eine mögliche Version
der vermeintlichen Realität generiert, deren
Darstellung und somit Wahrnehmung davon

abhängt, wie das jeweilige Lebewesen konstruiert ist!

Bei modernen Videospielen, wie z.B. ***World of Warcraft, Grand Theft Auto V, The Witcher 3 oder The Elder Scrolls V: Skyrim***, steuern Sie Ihre jeweilige Spielfigur durch eine enorm große und real wirkende digitale Spielwelt, welche allerdings ihrerseits ebenfalls nur aus Daten besteht. Von uns Spielern wahrgenommen, jedoch wie eine echte Welt erscheint.

Genau wie in unserer Welt, bekommt auch die digitale Spielwelt eines jeden Videospiels, ihre gewohnte Darstellung erst in dem Moment, wo ein Spieler die Daten dieser digitalen Welt wahrnimmt!

Bei dem Spiel World of Warcraft gehört es unter anderem zu Ihren Aufgaben, wilde Tiere oder Monster zu erlegen.

Nehmen wir nun einmal an, Sie gehen mit Ihrer digitalen Spielfigur durch ein Waldgebiet, welches von wilden aggressiven Bären bewohnt wird…

Alles was sich rechts, links oder hinter Ihrer Spielfigur befindet, ist für Sie als Spieler in diesem Moment nicht einsehbar, weil Sie die Daten dieser Bereiche nicht einsehen bzw. wahrnehmen können!

Läuft z.B. rechts neben Ihrer Spielfigur ein Bär oder sonstiges entlang, findet dessen digitale Darstellung erst in dem Moment statt, wo Sie Ihre Spielfigur (Kamera) nach rechts drehen, doch existierte dieser Bär auch bereits vorher schon, lediglich ohne bildliche Darstellung, dafür aber als Ansammlung von Informationen!

Genau nach diesem Schema läuft nun auch unsere Darstellung der Welt ab. Schauen wir geradeaus, sind die in diesem Moment nicht einsehbaren Bereiche, für mich als Subjekt Mensch nicht existent, da es zu keiner bildlichen Darstellung innerhalb des Verstandes kommt!

Das die Matrix schließlich immer nur dort dargestellt werden muss und wird, wo sie gerade von eine Lebewesen wahrgenommen wird, in Kombination mit der Tatsache, dass alle Lebewesen mehr oder weniger mit ihrem täglichen oder nächtlichen Schlaf beschäftigt sind, ist eine wirklich sehr effektive Möglichkeit um effizient Ressourcen einzusparen, welche auch so bereits schon enorme Ausmaße annehmen müssen.

Eventuell ahmen wir ja sogar unbewusst mit jeder von uns digital erstellten simulierten Welt, lediglich das digitale Muster nach, was wir bereits in unserer eigenen erfahrbaren Welt, mithilfe der Quantenphysik vorgefunden haben und langsam zu verstehen versuchen.

Als nächsten Beleg für meine Datenwelt Theorie müssen wir uns etwas genauer mit dem Licht und dessen Eigenschaften befassen.

Das Licht dient als <u>Medium der Informationsübertragung</u>, genau aus diesem Grund, muss es auch eine konstante **Informationsübertragungsrate** besitzen, damit Bildanomalien vermieden und die Darstellung der Welt flüssig gewährleistet werden kann!

Die Konstante der Lichtgeschwindigkeit beträgt 299.792.458 Meter pro Sekunde.

Dies entspricht 300.000 Kilometer pro Sekunde bzw. 1.079.252.848,8 km/h.

Stellen Sie sich bitte einmal einen defekten Fernseher vor, dessen Hertzzahl beispielsweise eigentlich 200Hz betragen sollte.

Mit 200Hz (Hertz) ist die Bildwiederholungsrate des Gerätes gemeint. 200 Bilder pro Sekunde!

Würde der Fernseher aufgrund eines Defektes allerdings inkonstant zwischen 1Hz und 200Hz variieren, käme es zu Fehlern in der bildlichen Darstellung **(Anomalien)!**

Wäre das Licht also nicht konstant, würde auch unsere Darstellung der Welt nicht flüssig verlaufen, da der Übertragungsfluss der Daten zu ungleichmäßig vonstattengeht!

Um diese Zusammenhänge wirklich zu verstehen, muss man definitiv begriffen haben, dass es das Licht selbst ist, welches die Daten der Welt transferiert! Betrachten wir ein beliebiges Objekt, so können wir dieses überhaupt nur deshalb wahrnehmen, weil zuvor ein Lichtstrahl von dem Objekt abgeprallt und in unsere Richtung reflektiert wurde.

Genau diese Erkenntnis haben wir uns zu Nutze gemacht, um daraus Fotografie, sowie Videotechnologie zu entwickeln, welche überhaupt nur deshalb funktionieren, weil wir aufgrund der unterschiedlichsten Kameras eine Möglichkeit gefunden haben, die Funktionen des Auges mitsamt eines beliebigen Speichermediums (klassisch oder modern) nachzuahmen.

Eine Kamera ist lichtdicht, besitzt einen Sensor zur Aufzeichnung des Lichts (bzw. wird mit einem Film bestückt), hat eine Objektiv, um das Licht kontrolliert zum Sensor zu leiten, hat (meist) einen Verschluss und eine einstellbare Blendenöffnung, sowie eine Vorrichtung zum Einstellen der Bildschärfe, einen Sucher und/oder ein Display.

So konstruiert ist es einer Kamera genau wie dem Menschlichen Auge ermöglicht, das Licht und dessen enthaltene Informationen auf ein x-beliebiges Speichermedium zu übertragen!

Auch bei einem 3D Hologramm macht man sich dieses Wissen zu Nutze, indem man die Informationen des Objektes, welches man dreidimensionalen darstellen möchte, mit Hilfe eines Lasers auf eine fotografische Platte reflektiert, in der das Hologramm erzeugt werden soll.

Als nächstes Indiz für meine Datenwelt Theorie befassen wir uns mit der Frage, wohin sich das Universum überhaupt ausdehnt. Denn wie wir aufgrund der Daten wissen, wird dieses beständig größer und das mit stetig zunehmender Geschwindigkeit.

Aufgrund der Expansionsrate unseres Universums, lässt sich zurückverfolgen, das unser gesamtes Universum vor ungefähr 13,8 Milliarden Jahren auf nur einen einzigen winzigen Punkt konzentriert sein musste.

Raum, Zeit und Kausalität fingen jedoch erst in dem Moment des Urknalls an zu entstehen!

Wenn dies so ist, stellt sich jedoch natürlich die Frage, wohin sich das Universum dann ausgedehnt hat und dies auch heute immer noch tut.

Erstellt man nun zum Vergleich innerhalb einer Computersimulation eine Digitale Version einer Kugel, welche so programmiert wurde, das sie sich beständig im Sekundenintervall in ihrer Gesamtheit vergrößert, so hat man nach einem verhältnismäßig kurzen Zeitraum wohl eine digitale Kugel, welche größer als unser gesamtes Universum ist!

In diesem Fall wäre die Frage nach dem Raum, wohin sich die besagte Kugel ausdehnt, jedoch hinfällig, da sich alles nur innerhalb eines geschlossenen Computerprogramms abgespielt hat.

Lediglich die Anzahl der darzustellenden Informationen würde sich verändern!

Auf diese Weise ist es uns sogar selbst bereits schon gelungen, kleinere Abschnitte unseres Universums digital als Simulation nachzuahmen!

Nach denselben Prinzipien werden nun auch Videospiele, wie das bereits zuvor schon einmal erwähnte **World of Warcraft oder Grand Theft Auto** produziert, deren für uns erfahrbare Welten wirklich enorme detaillierte Ausmaße erreicht haben, sich aber dennoch nur auf der Oberfläche eines Monitors bzw. Fernsehers abspielen.

Stellen wir uns diesbezüglich einmal vor, dass die Bewohner / Spielfiguren dieser digitalen Welt über besagte Nachdenken könnten, so würden diese sicherlich nicht sofort auf die Schlussfolgerung kommen, dass sie im Grunde nur innerhalb einer **Matrix** existieren!

Anfangs war das Universum so unvorstellbar heiß, dass es nur aus Energie bestand, doch abgesehen davon, dass bereits die Definition von Energie eine vorherige Auswertung von Daten erfordert, stellt sich darüber hinaus die Frage, woher diese Energie ihren Ursprung hat.

Denn wenn vor dem Urknall alles auf einen einzigen Punkt reinster Energie konzentriert war, woraus sich später alles vergangene, heutige und zukünftige gebildet hat, so muss ja laut rationaler Denkweise, dennoch eine ursprüngliche Quelle dieser Energie vorhanden gewesen sein.

Zudem kann sich bis zum heutigen Tag keiner so recht erklären, was der Auslöser des Urknalls und somit die Ausdehnung dieser Energiekonzentration verursacht hat.

Genau hieraus bezieht meine Datenwelt Theorie wieder selbstbewusst ihre Schlüsse:

Würde heutzutage ein Programmierer eine Simulation eines Universums erstellen können, welches nach denselben Prinzipien fungiert wie unseres, so wäre selbiger auch gleichzeitig der Auslöser des simulierten Urknalls, indem er sozusagen den Startknopf der digitalen Simulation betätigt!

Zuvor aber, wäre er auch die Quelle, der vor dem Urknall vorhanden Energiekonzentration (Datenansammlung)! Da er entweder **den source code (Quellcode)** des Programms so geschrieben hat, dass sich das simulierte Universum nach einem festgelegten Plan zu entwickeln hat, oder aber er hat das Programm wahlweise so gestaltet, dass es sich selbständig autonom ohne ein weiteres eingreifen von außen weiterentwickeln kann!

Egal wie er sich letztendlich entschieden hätte, für die innerhalb der Simulation befindlichen Lebewesen würde es so erscheinen, als wären sowohl der Auslöser des Urknalls, sowie die Quelle der zuvor herrschenden Energiekonzentration, **„mystischen" Ursprungs,** da diese digitalen Einheiten sozusagen nicht über den Tellerrand ihrer eigenen Simulation hinausschauen könnten, **ganz egal, wie stark ihre Teleskope und Messinstrumente auch sind!**

Zudem sähen sie sich unbewusst mit der Misere konfrontiert, dass die Daten der simulierten Welt für sie wie unsichtbar sind, da diese stets nur deren Auswertung und Interpretation erfahren können, aber niemals die Daten an und für sich.

Egal wie tief sie auch in die Materie eindringen könnten, zum Schluss wäre es immer noch eine reine <u>Interpretation</u> von Informationen, selbst dann, wenn es nur eine einzige Datei wäre!

In den Standard-Wissenschaften ist immer davon die Rede, dass die Materie aus der wir selbst und unsere Umgebung angeblich bestehen, eine Ansammlung von Molekülen ist. (Ein Molekül ist ein Verbund aus mindestens zwei Atomen)!

Doch wie wir zuvor bereits erläutert haben, erfordert selbst die Darstellung und Definition von Atomen und Molekülen, eine vorherige Auswertung und Interpretation von Daten. Egal wie tief wir in die angebliche Materie eindringen, dieser Umstand bleibt erhalten!

Unsere Interpretation von den Daten eines Atoms sieht folgendermaßen aus:

Ein Atom besteht aus einem *„Kern"* und einer *„Hülle"*. Soweit so gut, doch verblüffend ist hierbei, dass der Raum, welcher zwischen dem Kern und der Hülle des Atoms besteht, mit keiner Masse ausgefüllt ist.

„Denn 99,9% der Masse eines Atoms befindet sich im Atomkern und dieser ist wiederum winzig klein!"

Damit dieser Umstand etwas klarer erscheint, müssen Sie sich bitte einmal ein Reiskorn vorstellen, welches sich auf dem Anstoßpunkt eines Fußballstadions befindet.

Das Reiskorn soll hierbei den Atomkern symbolisieren und somit auch den Masseanteil von **99,9%**.

Alles, was sich nun um das besagte Reiskorn herum befindet, ist der **„masselose Raum",** welcher zwischen Atomkern und Atomhülle herrscht. Dies ist wirklich eine beachtliche Menge an Leere!

Warum aber spüren wir dann einen Widerstand, wenn wir z.B. auf einen Tisch hauen oder unseren eigenen Körper berühren?

Versetzen wir uns zur Klärung dieses Problems erneut in die Situation einer digitalen Spielfigur, vergleichbar mit den Helden unserer Computer, sowie Videospiele, so fängt auch dieser zunächst etwas verwirrende Aspekt an Sinn zu ergeben, da diese Spielfiguren sich in ihrer jeweiligen Simulation auch mit verschiedensten Widerständen konfrontiert sehen, obwohl deren digitale Welt aus keiner tatsächlichen festen Substanz besteht.

Läuft die Spielfigur jedoch beispielsweise gegen eine Wand oder eine verschlossene Tür, so wird er diese nicht durchdringen können, obwohl sie ja im Grunde nur aus Daten besteht, **welche dem Spieler jedoch**

das Gefühl eines Widerstandes vermitteln!

Das gleiche Prinzip wird nun auch auf unsere angebliche Materie angewandt, da der leere Raum, wie zuvor bereits schon einmal thematisiert, eigentlich der überragende Hauptanteil eines Atoms darstellt.

Wollen Sie z.B. etwas überspitzt formuliert, eine 300 kg Hantelscheibe hochheben, so besteht auch diese ausschließlich aus Atomen und somit aus leerem Raum.

Übertragen auf die Datenwelt Theorie kann man dies jedoch wie folgt erklären:

Geben wir einer digitalen Spielfigur beispielsweise den Auftrag, zunächst Gegenstand A und dann Gegenstand B hochzuheben, und wollen aber, dass ihr dies bei Gegenstand B nicht gelingt, so müssen wir dies im Grunde lediglich so programmieren!

Für besagte Testperson, würde es jedoch so erscheinen, als wäre Gegenstand B schwerer als Gegenstand A, obwohl beide Gegenstände aufgrund der Tatsache, da sie ja lediglich digital sind, **überhaupt kein Gewicht besitzen!**

Dies wüsste die Testperson allerdings nicht und würde somit auf diese Täuschung hereinfallen!

Der nächste Punkt für den Beleg meiner Datenwelt Theorie beruht auf der Analyse, das der Mensch zwar tun kann was er will, aber nicht entscheiden kann was er will! Dies zu verstehen und zu verinnerlichen, ist wahrlich keine einfache Aufgabe und bedarf großer Konzentration. Lässt man sich aber darauf ein, wird man nach einer gewissen Zeit bemerken, dass jegliche Form von Handlung im Grunde mit einem **Programmablauf** zu vergleichen ist.

Eine Spinne z.B. muss genau so wenig lernen ihr Netz zu spinnen, wie ein Vogel, welcher zum ersten Mal sein Nest konstruiert. Anhand dieser beider Tiere lässt sich sehr schön erkennen, dass sie einer anscheinend bereits zuvor schon abgespeicherten Programmierung folgen!

Die Spinne konstruiert ihr Netz; wartet auf Beute, repariert, pflegt und erneuert ihr Netz, um schließlich wieder aufs Neue auf ihre Beute zu lauern. **Ein zwar sehr simpler, aber dennoch effektiver endloser Kreislauf, welcher bis zu ihrem Tod ihr Dasein bestimmen wird!**

Mich persönlich erinnert dies stets an ein kleines nett geschriebenes Programm, welches allerdings sehr eingeschränkt ist, was die eigene Möglichkeit der Weiterentwicklung, sowie der Abweichung vorprogrammierter Normen betrifft!

Dringt man dann noch tiefer in dessen Abläufe hinein, so bemerkt man mit etwas Glück auch noch, dass es sich mit Gedanken und Gefühlen ebenso verhält. **Denn solange es zweier Komponenten bedarf, Gehirn sowie Bewusstsein, wird eines davon beständig aktiver und das andere stets passiver Natur sein!**

Während das eine stets **„erlebt",** und somit ausschließlich **„passiv"** fungiert, sorgt das andere wiederum dafür, dass es auch beständig etwas Neues zum Erleben gibt. Denn wie der Begriff **„Bewusstsein",** also **„bewusst" und „sein"** eventuell auch bereits schon vermuten lassen könnte, wird sich dieses nämlich ausschließlich den Dingen bewusst und ist somit stets **„passiver Natur"!**

Das Gehirn wiederum, welches schaltet, verwaltet und erzeugt, ist folglich die **„aktive Komponente"** dieser <u>Dualität</u>.

Doch auch, wenn beide Komponenten

durch eine Art „**Symbiose**" miteinander „verschränkt" zu sein scheinen **(Sender /Empfänger)**, bleibt dennoch jeder Schuster bei seinen eigenen Leisten.

Was bedeuten soll, das Gehirn leistet die Arbeit und das Bewusstsein hat das Vergnügen, oder aber auch eben nicht, je nachdem wie unterhaltsam das aktuelle Programm namens Leben gerade zu sein scheint!

„Der Mensch kann somit stets tun was er will, aber er kann niemals bewusst und kontrolliert entscheiden, was er denn nun überhaupt will!"

Das Bewusstsein erlebt beständig Gedanken, Gefühle, sowie Handlungen, und eben genau dadurch, dass es diese **„erlebt"**, entsteht eine **„Identifizierung"** des Erlebten. Genau in diesem Moment beginnt diese geniale Täuschung, damit ihren bahnbrechenden Effekt voll zu entfalten!

Weil das Bewusstsein beständig mit Gedanken, Handlungen und Gefühlen überflutet wird, entsteht eine fast konstant durchgehende Identifizierung, und somit auch eine permanente Anhaftung an das Erlebte.

Leben bedeutet anscheinend lediglich ein Leben zu „erleben"!

Solange das Bewusstsein durch eine Art Symbiose mit dem Hirn des Menschen verknüpft ist, wird dieses all das erleben können, was dessen **hoste/Wirtskörper** erfährt.

Das Bewusstsein erlebt somit ein gesamtes Leben, mitsamt den gesamten dazugehörigen Erfahrungen, welche damit verbunden sind. **„Jedoch ohne dabei selbst jemals etwas aktiv geleistet zu haben!"**

Diese permanente Stimme in ihrem Kopf, für welche sie selbst sich halten, jeder einzelne Gedanke, jedes Gespräch oder Selbstgespräch, jede Handlung und alle Gefühle, welche sie bis zum heutigen Tage erfahren haben, und mit ihnen selbst und ihrem „ich" aufgrund der Identifizierung in Zusammenhang gebracht haben, wurden von ihnen in Wirklichkeit lediglich aus der Beobachterperspektive des Bewusstseins erlebt, und somit lediglich **erfahren!**

Die entscheidende Frage welche mich in diesem Zusammenhang am meisten interessiert ist, ob man bei einer **digitalen 1:1 Kopie** eines Menschen oder zumindest eines menschlichen Gehirnes, auch automatisch eine **digitale Kopie des Bewusstseins** miterstellt hat, oder ob man dieses digitale Hirn vielmehr mit einem echten Bewusstsein von außen verknüpfen müsste.

Ich persönlich bin nämlich nicht davon überzeugt, dass automatisch auch ein digitales Bewusstsein entstehen würde, nur weil man eine digitale 1:1 Kopie eines menschlichen Gehirnes erschaffen hat. Dies würde nämlich nahelegen, dass der Entstehungsort des Bewusstseins doch im Gehirn stattfindet, was ich persönlich für unwahrscheinlich halte!

Um Ihnen dies alles etwas besser zu verdeutlichen, werden wir uns als nächstes ein paar alltägliche Beispiele und Situationen anschauen:

Sie befinden sich *hungrig in einer fremden Stadt und sind, auf der Suche nach einem MC Donald oder dergleichen. Der Akku Ihres Handys ist allerdings leer.*

Damit die Suche ein wenig schneller von statten geht, kommt Ihnen der Gedanke in den Sinn, dass Sie ja einen Passanten fragen könnten in der Hoffnung, dass dieser von dort kommt und sich daher auch dementsprechend in der Umgebung auskennen müsste.

Hierbei ist bereits zu beachten, dass der Gedanke einen Passanten nach dem Weg zu fragen, nicht bewusst und gewollt von Ihnen selbst erzeugt wurde, sondern durch die Situation ganz einfach ausgelöst wurde. In diesem Fall, aufgrund der Erfahrung, dass andere Menschen einem helfen können.

Besonders wenn man sich selbst in einer fremden ungewohnten Umgebung befindet.

Als nächstes beginnen Sie in Ihrer Umgebung nach einer geeigneten Person zu suchen.

Auf welche Person Ihre angebliche freie Wahl fällt, bestimmen aber auch nicht Sie selbst, sondern der Prozess der Auswahl wird wieder von Ihren bisherigen Erfahrungen und/oder Vorurteilen gesteuert.

Zunächst entdecken Sie ein paar ausländische Jugendliche, deren Anblick bei Ihnen allerdings Unbehagen verursacht. Gefolgt von dem Gedanken, dass sie ja sowieso bestimmt die deutsche Sprache nicht gut sprechen können und sich bestimmt einen Spaß (Streich) mit Ihnen erlauben würden.

Hier passt wieder sehr schön die Aussage:
„Impulse von außen, erzeugen Impulse von
innen und Impulse von innen, projizieren
Impulse nach außen."

Sie haben in diesem Moment weder das
Gefühl des Unbehagens bewusst
hervorgerufen, noch konnten Sie Einfluss
darauf nehmen, dass mit dieser Situation
verknüpft der Gedanke aufkam, dass die
besagten Jugendlichen ja sowieso kein
richtiges Deutsch können und Sie am Ende
doch nur reinlegen.

Als nächstes sehen Sie einen Briefträger
welchen Sie mit der Assoziation verbinden,
dass sich dieser ja auf jeden Fall in der
Umgebung auskennen müsste.

Diese Assoziation beruht auf der Denkweise
/ Erfahrung, dass ein Briefträger sich
deshalb auskennen muss weil es zu seinem
Job gehört die Gegend zu kennen. Auch dies
geschieht wieder vollkommen automatisch
aufgrund der damit verbundenen Erfahrung.

Als Sie diesen nach dem Weg fragen, kommt
in Ihnen das Gefühl der Erleichterung auf
weil er Ihnen tatsächlich den Weg erklären
kann.

Er meint es gäbe zwei Möglichkeiten, einen
etwas längeren Fußweg welcher dafür aber

durch einen wunderschönen Park führt oder aber einen kürzeren, dafür aber nicht ganz so schönen Weg. Dadurch, dass Sie aber fast schon vor Hunger umkommen, entscheiden Sie sich für die kürzere Variante.

Der kürzere Weg ist hierbei ein Impuls welcher sich aufgrund Ihres großen Hungers durchsetzt. Das Gefühl der Erleichterung kam wiederum automatisch, mit der Gewissheit nun kurz vor Ihrem Ziel zu sein.

Nach einer gewissen Zeit bemerken Sie, dass Sie sich die Wegbeschreibung wohl doch nicht so ganz genau gemerkt haben und müssen nun entscheiden, ob Sie nach links oder nach rechts weitergehen wollen.

Sie entscheiden sich für rechts.

Nach rechts zu gehen, ist hierbei wiederum nur ein weiterer Impuls dessen Durchsetzung nach einer gewissen Abwägung eintrat. Doch geschah auch dies wieder ohne Ihre bewusste Kontrolle. Durch Umstände welche für Sie in diesem Moment nicht einsehbar waren, hatte sich der Impuls nach rechts zu gehen durchgesetzt.

Zum Glück war Rechts der richtige Weg, doch nun endlich am Ziel angekommen bemerken Sie, dass der hiesige McDonald aufgrund von Renovierungsarbeiten, für ein

paar Tage geschlossen ist und ein Gefühl
von Wut und Unzufriedenheit steigt in Ihnen
auf.

Beide dieser negativen Gefühle wurden
nicht von Ihnen bewusst erzeugt, sondern
sind eine logische Konsequenz der
Umstände!

Natürlich sind dies alles nur Beispiele
gewesen und es ist schwer für jeden sofort
eindeutig zu beschreiben, was ich damit zu
erklären versuche. Doch ist zudem auch ein
gewisses Talent und enorme Achtsamkeit
über die Prozesse des eigenen Körpers von
Nöten, um die Illusion des angeblich freien
Willens vollkommen zu durchschauen.

Was ich im Grunde damit auf den Punkt
bringen wollte, ist das wir alle von
Prozessen welche im Hintergrund laufen
beherrscht werden. So als würden wir
lediglich erleben, was ein Programm im
Hintergrund bereits berechnet hat.
Wahrnehmen tun wir diese Prozesse dann
in Form von Handlungen, Gefühlen
sowie Gedanken!

Unser eigener Körper, ist im Grunde nichts
weiter als ein Objekt unter Objekten, doch
ist er das einzige Objekt zudem wir einen

"unmittelbaren Zugang" haben, eine Art **"Innenperspektive"!**

Zwar unterliegt der eigene Körper zumindest was die äußerliche Darstellung betrifft auch der Gesetzmäßigkeit von Subjekt und Objekt, was bedeutet, dass wir auch diesen nur so wahrnehmen können, wie es für uns als Mensch möglich ist ihn wahrzunehmen. **Doch gleichzeitig sind wir auch das Subjekt und somit das, was erkennt und wahrnimmt!**

Als letztes Indiz für eine Datenwelt, bevor wir zur klareren Ausformulierung dieser Theorie auf unser Universum bezogen zu sprechen kommen, möchte ich Sie auf gleich mehrere so genannter *„Virtual-Reality-Brillen"* aufmerksam machen, welche bereits für Lob und Anerkennung gesorgt haben.

Playstation VR, Oculus Rift und HTC Vive sind die wohl bis jetzt am weitesten entwickelten Versionen dieser *Virtual-Reality-Brillen* und waren schon eine kleine Sensation im Bereich der Videospiel und Unterhaltungsindustrie.

Sie ermöglichen ein komplett neues und einzigartiges Spielerlebnis, indem sie den Spieler auf einer vollkommenen, bis dato nie dagewesenen Art und Weise, in das jeweilige Spiel oder den jeweiligen Film hineinversetzen.

Der Käufer soll sich buchstäblich so fühlen, als würde er sich tatsächlich innerhalb der spezifischen Spielwelt / Film befinden.

Umgesetzt wird dieses Unterfangen dadurch, indem sich unmittelbar vor den beiden Augen des Spielers jeweils ein möglichst hochauflösender Bildschirm befindet. Zusätzlich angebrachte Lautsprecher an der *Virtual-Reality-Brille,* sorgen zudem für eine ausgefallene akustische Komponente, um das Spielerlebnis schließlich vollkommen zu optimieren!

Auf diese Weise wird tatsächlich eine verblüffende *Illusion* erzeugt welche aufgrund der bildlichen Darstellung in verhältnismäßig guter Auflösung, in der Tat eine kleine Revolution innerhalb des Unterhaltungsbereichs hervorrufen konnte.

Stellen Sie sich jetzt darauf bezogen bitte einmal vor, was für Technologien dieser Art wohl in den nächsten **25, 50, 100** oder gar **1000** Jahren noch entstehen könnten!

Hinzu kommt noch die Gewissheit, dass mir wirklich überhaupt niemand zu **100%**

beweisen kann, dass wir uns in diesem Moment nicht schon bereits innerhalb dieses angeblich zukünftigen Fortschritts befinden. Es ist nämlich sehr gut möglich, dass wir uns bereits jetzt schon in solch einer vermeintlich zukünftigen Version einer digitalen Welt befinden! Die Indizien deuten schließlich sehr stark darauf hin!

Das Besondere an uns Menschen ist, dass wir innerhalb unserer eigenen digitalen Simulation so etwas wie **Administratoren** oder zumindest **Game Master** darstellen. Unsere Fähigkeiten allerdings arg begrenzt sind und somit natürlich nicht mal ansatzweise mit den Möglichkeiten eines sich außerhalb der Situation befindlichen Programmierers mithalten können.

Dennoch haben wir, wie kein zweites Lebewesen auf diesem Planeten die Möglichkeit, die Daten um uns herum zu manipulieren, nach unseren Wünschen umzugestalten und für unsere Zwecke zu missbrauchen.

Dadurch, dass wir aber Allesamt nur Abspaltungen bzw. Teilprogramme des eigentlichen Hauptprogramms darstellen, müssen wir davon ausgehen, dass dieses Programm uns den Takt vorgibt und uns quasi als *Verkörperung und Werkzeug* benutzt, um innerhalb der Datenwelt noch spezifischer agieren zu können.

Denn nur durch die Manifestation in erkennende interagierende digitale Lebensformen, kann sich das Programm im gesamten Spektrum selbst besser analysieren sowie studieren und sich somit beständig immer schneller weiterentwickeln.

Daten verarbeiten Daten!

Und genau darum geht es in diesem Zusammenhang:

Alle Sinnesorgane sind allein dafür da, um eine Interaktion mit den Daten ihrer "Umgebung" zu gewährleisten. Mit jeder noch so kleinen Interaktion gelangen nämlich wieder neue, für das Programm wichtige Informationen, Erfahrungen und somit auch Datensätze hinein in das digitale Datennetz des Systems.

Diese Möglichkeit der **Aufnahme und Verarbeitung von Informationen und Daten** könnte auch die entscheidende Ursache dafür sein, weshalb unser Universum bzw. unser simuliertes Universum immer schneller expandiert.

Jetzt bleibt eigentlich nur noch die Frage nach dem Sinn ihrer Existenz und deren Ursprung zu klären.

Gleich eins vorweg, ich werde Ihnen keine 100% Antwort auf diese beiden letzten Fragen geben können, sondern Ihnen lediglich verschiedene Theorien präsentieren welche zumindest für mich, logisch und plausibel genug erscheinen, um sie nieder zu schreiben. Ich hoffe, dass Sie mir diesen Umstand verzeihen mögen, da es für mich unmöglich ist, Ihnen nur eine einzige Antwort darauf zu geben.

Die erste Theorie beruht auf dem Gedanken, dass wenn auch nur eine Spezies erstmals einen technischen Stand erreicht hat, wo sie solch eine komplexe digitale Simulation wie unsere Welt erschaffen könnten, die Wahrscheinlichkeit recht groß ist, dass wir uns schon längst in solch einer Simulation befinden.

Als Vergleich können wir wieder auf unsere eigenen Videospiele hinweisen.

Ab dem Moment, wo wir die technischen Mittel hatten solche zu erschaffen, taten wir es auch und das gleich in enormen Mengen, genau so wäre es wohl auch bei dieser sehr hoch entwickelten Spezies der Fall.

Sie würden sich wahrscheinlich nicht nur auf eine einzige Simulation konzentrieren sondern gleich mehrere erschaffen, um diese für alle möglichen Zwecke zu gebrauchen.

Doch was für Zwecke wären das?

Sie könnten beispielsweise ähnliche Ziele verfolgen wie wir es auch schon gemacht haben, indem wir kleine Bereiche unseres Universums simuliert haben, um aus diesen simulierten Prozessen wissenschaftliche Schlüsse über unsere Welt zu erzielen.

Vielleicht taten sie es aus genau denselben Gründen, nur auf einer viel komplexeren und fortschrittlicheren Ebene, so dass sie nicht darauf begrenzt sind nur einzelne kleine Bereiche zu simulieren, sondern gleich ein ganzes Universum, mit allem was dazu gehört, einschließlich uns.

Abgesehen von der wissenschaftlichen Neugierde, ist es auch gut möglich, dass sie es aus Unterhaltungsgründen taten, so wie wir aus diesem Grund Videospiele, wie
World of Warcraft,
Die Siedler, Grand Theft Auto, Die Sims,
SimCity oder Anno erschaffen haben.

Vielleicht macht es ihnen einfach auch Spaß **zu beobachten**, wie sich die jeweilige

Simulation weiterentwickelt und was für Dinge selbige hervorbringt.

Simulierte Wesen wie wir Menschen, könnten doch recht unterhaltsam sein, so als würde man Fische in einem Aquarium beobachten!

Wenn dem so ist, könnte es aber auch sehr gut sein, dass wir einfach eine von vielen Simulationen sind und daher vergessen wurden. Eventuell ist ihre Zivilisation aber auch schon längst ausgestorben oder weiter gezogen und wir sind lediglich ein Überbleibsel dieser Spezies.

Die nächste Theorie geht davon aus, dass wir uns in Wirklichkeit schon längst in der Zukunft befinden und es daher doch der Mensch selber war, der diese Datenwelt erschaffen hat.

Unsterblichkeit war schon immer ein Traum der Menschheit, vielleicht haben wir es geschafft mit Hilfe dieser Simulation zumindest unsere Zeit etwas künstlich zu verlängern, indem wir uns in diese hineinversetzen lassen. Um auf diesem Weg ein ganzes Leben zu erleben, obwohl in der Welt außerhalb dieser nur ein paar Stunden, Tage, Wochen oder Jahre vergangen sind.

Wäre dies tatsächlich der Fall, könnten aber auch alle zuvor erwähnten Gründe der höheren Spezies ebenso auf die Menschheit, aus der für uns definierten Zukunft zutreffen.

Somit wären wir vielleicht ebenso nur ein digitales Experiment!

Angelehnt an diese Theorie könnte es wiederum auch sehr gut möglich sein, dass diese Menschheit aus der Zukunft diese Simulation als eine Art **„Lernprogramm"** benutzt, wo sich jeder von uns zunächst einmal beweisen muss, um dann außerhalb der Simulation ein tatsächliches Leben führen zu dürfen.

Auf diese Weise würden nur diejenigen, welche es wahrhaftig verdient hätten in der Lage sein, nach erfolgreicher Beendigung dieser Lernphase, das Programm zu verlassen um dann in der Gemeinschaft der Auserwählten leben zu dürfen.

Somit würde ermöglicht, eine friedvolle Welt zu erschaffen und das Schlechte am Menschen, in einem **„Verließ"** (Simulation) gefangen zu halten bis es sich selbst in einem natürlichen Lernprozess umgewandelt hat.

Das Entscheidendste hierbei wäre, dass diese Umwandlung vollkommen ungezwungen und natürlich erfolgen müsste. Was bedeutet, dass wir nichts davon wissen dürften, dass wir uns innerhalb einer Prüfung befinden!

Ziel des Ganzen könnte am Ende sein, innerhalb der Lernsimulation ein guter Mensch zu werden welcher ein Gemeinschaftsdenken entwickelt und die eigenen Triebe und Gelüste zu kontrollieren lernt.

Durch diesen Prozess der Auslese, trennt man die Spreu vom Weizen. Was im Klartext bedeutet, dass Sie solange immer und immer wieder dieses Programm wiederholen müssen, bis Sie an dem Punkt angelangt sind, wo man Sie als würdig genug einstuft, um an dem tatsächlichen Leben teilzunehmen.

Wenn ich mir unsere heutige massiv materiell eingestellte Konsumgesellschaft vor Augen halte, würde es mich auch nicht sonderlich wundern, wenn unsere Simulation wenn sie denn eine ist, ihre Daseinsberechtigung zumindest im Bereich der Konsum sowie Verhaltensforschung bereits fest etablieren konnte!

Meine ganz persönliche Meinung lautet wiederum,…

…dass wir in einer digitalen Simulation leben welche nicht restlos vorherbestimmt ist!

Sie wurde daher nicht nach einem bestimmten Plan entworfen, nach Dem alles abzulaufen hat.

Gehen wir nun davon aus, dass es wirklich so etwas wie ein Programmierer war der diese Welt erschaffen hat, so hat er auf diesem Weg eine wirklich geniale Idee umgesetzt, da er seinem Werk somit nicht aufzwingt wie es zu funktionieren hat.

Ganz im Gegenteil, denn er erschuf ein Programm welches selbstständig kreativ sein kann was die eigene Weiterentwicklung betrifft!

Warum er dies so wollte, kann ich Ihnen allerdings nicht sagen. Ich denke aber, dass es sein Wunsch war, sich selbst überraschen zu lassen was daraus wohl entstehen würde und welche Lebewesen sich nach und nach entwickeln könnten.

Er erschuf quasi nur die Grundbedingungen

(source code / Quellcode) für eine Digitale Welt, <u>damit diese sich dann letztendlich selbstständig hervorbringen kann</u>!

Diese gewollte kreative Komponente zeigt sich uns z.B. in Form der Evolution welche sozusagen die Ausdrucksform dieser Freiheit wiederspiegelt.

Er zeigt uns damit unbewusst; dass er eine Simulation wollte welche sich vollkommen autonom erschafft.

Er hatte also daher so wie es scheint keinerlei Bedürfnisse, seine eigene Schöpfung zu kontrollieren!

„Zufall", spielt bei dieser Evolution eine entscheidende Rolle, aber nicht die Einzige, da abgesehen davon die „Notwendigkeit" noch vorhanden ist.

Treffen sich z.B. zwei Wasserstoffatome und ein Sauerstoffatom, entsteht zwangsläufig Wasser!

Sie sehen also, dass Zufall und Notwendigkeit eine unerschütterliche Einheit bilden, damit sich innerhalb der Datenwelt beständig immer mehr Komplexität bilden kann. Wie wir sehr gut an uns selbst und insbesondere an unseren Gehirnen erkennen können!

Dieses Programm würde somit alle Kriterien erfüllen, die wir ansonsten einem Gott zuschreiben. Selbst die komplexesten Strukturen und Auffälligkeiten welche sich die meisten eben nur durch einen planenden und schaffenden Schöpfer erklären können, könnten von diesem Programm problemlos autonom bewerkstelligt werden, da es diese selbst hervorbringt!

Gesellschaftliche Folgen der Theorie:

Sollte jemals vollkommen bewiesen werden können, dass wir uns tatsächlich in einer digital simulierten Welt befinden, so hätte diese Erkenntnis mit Sicherheit ähnlich weitreichende Gesellschaftliche Folgen wie *die 3 Kränkungen der Menschheit.*

Freud nennt drei große Einschnitte, die der naive Narzissmus des menschlichen Bewusstseins durch den historischen Fortschritt wissenschaftlicher Erkenntnis erlitten habe:

1. **Die kosmologische Kränkung:** Die erste Erschütterung sei die mit dem Namen Kopernikus verknüpfte Entdeckung gewesen, dass die Erde nicht der Mittelpunkt des Weltalls ist (vgl. Kopernikanische Wende).

2. **Die biologische Kränkung:** Die zweite Kränkung lag in der Entdeckung, dass der Mensch aus der Tierreihe hervorgegangen ist (Charles Darwin und andere).

3. **Die psychologische Kränkung:** Die dritte Kränkung sei die von ihm entwickelte Libidotheorie des Unbewussten; ein beträchtlicher Teil des Seelenlebens entziehe sich der

Kenntnis und der Herrschaft des bewussten Willens. Die Psychoanalyse konfrontiere das Bewusstsein mit der peinlichen Einsicht, (...) daß das Ich nicht Herr sei in seinem eigenen Haus.

- *Wer hat unsere Simulation erschaffen?*
- *Warum hat man unsere Simulation erschaffen?*
- *Funktioniert die Simulation autonom?*
- *Verläuft sie nach einem bestimmten Plan? oder wird doch permanent von außen auf die Simulation eingegriffen und korrigiert?*
- *Sind wir allesamt lediglich vollkommen digitale Dateneinheiten oder haben wir ähnlich wie bei dem Film „Avatar - Aufbruch nach Pandora" aus dem Jahr 2009 jeweils unser eigenes Bewusstsein mit einer dieser digitalen Spielfiguren verknüpft?*
- *Wird durch die Simulation tatsächlich ein gesamtes vollständiges Universum simuliert oder gibt es außer uns und unserer Welt in der wir leben in Wirklichkeit überhaupt nichts anderes?*

Denn Ähnlich wie z.B. bei dem Film „*Die Truman Show*" mit *Jim Carrey* von *1998* könnte es doch auch sein, dass all die Dinge welche wir am Nachthimmel wahrnehmen und als Universum bezeichnen in Wirklichkeit doch nur ein gigantisches Dekorelement bzw. Blendwerk darstellt welches uns in die Irre führen und vom wesentlichen ablenken soll.

Wir könnten uns theoretisch ähnlich wie bei der *„Truman Show"* unter so etwas wie einem kuppelartigen Konstrukt befinden welches uns jeden Abend aufs Neue an seinem Firmament die Illusion weit entfernter Orte präsentiert *(Hologramm Show),* obwohl dort vielleicht in Wirklichkeit überhaupt nichts ist wohin man tatsächlich reisen könnte!

(Bei weitläufigen detaillierten Spielen wie Grand Theft Auto V ist selbst mit dem Flug-cheat irgendwann eine magische Grenze erreicht obwohl es vom Boden aus für den Spieler so aussah, als gäbe es dort oben ein ganzes Universum zu erreichen.)

„Für alle Zweifler an der Mondlandung, wäre dies wohl ein gefundenes fressen!"

Zumindest aber wüsste man, wenn dem wirklich so wäre, endlich was *„NASA*

und Konsorten" seit Jahrzehnten zu
verschleiern versuchen. Man muss nämlich
kein *„Flacherdler"* sein um zu bemerken,
dass dort einiges bewusst verdreht
und verschleiert wird!

Die Fragen und Mysterien würden der
Menschheit also folglich nicht ausgehen
oder an Bedeutung verlieren sondern
lediglich ihre längst überfällige,
wohlverdiente Modernisierung für das
21. Jahrhundert erhalten.

Wenn wir nun am Ende dieser Theorie
angelangt wirklich einmal davon ausgehen,
dass wir uns tatsächlich innerhalb einer
künstlich geschaffenen digitalen Simulation
befinden, so kann ich Ihnen garantieren,
dass sich unsere Erschaffer in einer
ähnlichen Misere befinden könnten da deren
Welt wiederum auch nur eine weitere
Simulation sein kann, da sie vermutlich
ebenfalls auf denselben Prinzipen beruht.

Was bedeutet, dass auch diese oder dieses
Wesen, seien es Menschen aus der Zukunft
oder aber eine höhere Spezies aus dem All
ebenfalls auf irgendeine erdenkliche Art und
Weise mit ihrer Umgebung interagieren.
Schließlich müssen diese ja auch so etwas
wie Sinnesorgane besitzen, um mit den

Daten ihrer Welt in Interaktion treten zu können.

Die Gesetzmäßigkeit zwischen Subjekt und Objekt besagt jedoch, dass kein Lebewesen die Welt so wahrnehmen kann, wie sie an sich ist, sondern nur so wie es ihm aufgrund seiner Konstruktion ermöglicht ist, diese wahrzunehmen."

Alle Eigenschaften die wir den Dingen zuschreiben, entstehen erst im Moment unserer Wahrnehmung, so wie sie für uns gewohnt sind. Jedes Lebewesen nimmt seine eigene ganz persönliche Vorstellung von der Welt war, je nachdem wie es die Daten der Außenwelt verarbeiten und interpretieren kann!

Unabhängig der Wahrnehmung eines Lebewesens kann die Welt nur aus Daten bestehen weil Daten das einzige Element sind welches auch ohne eine Wahrnehmung durch ein Subjekt bestehen kann!

Zwar kommt es dann zu keiner Umwandlung, in eine für uns gewohnte Wirklichkeit, doch bleiben die Daten dennoch in Form eines **Potenzials** weiterhin bestehen bis zu dem Moment, wo ein Lebewesen dieses Potential aufgrund seiner

Konstruktion (Sinnesorgane, Gehirn) irgendwie ausschöpft.

Wie Sie sehen, ist es also wahrscheinlich möglich, dass unsere Simulation einer bereits schon zuvor existierenden Simulation entstanden ist!

Diesen Umstand könnten Sie jetzt quasi schier endlos zurückverfolgen!

Ganz egal ob wir letztendlich eine Simulation in einer bereits zuvor schon existierenden Simulation sind, oder aber die erste Simulation dieser Art, so muss es unausweichlich einen aller ersten Ort oder Zustand geben haben wo diese erste Version kreiert und gestartet wurde!

„Am Ende sind wir gar ein längst vergessenes Schulprojekt eines Alien Kindes für welches es eine gut gemeinte 3- bekam!"

Weitere Bücher des Autors

System / Gesellschaftskritik:

- *Dystopie / Utopie: Schlimmer geht's immer, besser wird's nie!*
- *Die 4 Säulen des Scheiterns*
- *SklavenLEBEN*
- *Eine Kritik des modernen Menschen*
- *Equilibrium: Das neue Gleichgewicht*

Verschwörungstheorien:

- *Verschwörungen: Fiktion oder Wirklichkeit?*
- *Reset: Der Anfang einer Neuen Welt*
- *Die BRD Verschwörung*
- *Die Rothschild & Bilderberger Verschwörung 2in1 Edition*

Philosophie:

Philosophie für Anfänger: Band 1-4

1. *Du bist Gott!*
2. *Die Wahrnehmung der Welt*
3. *Freiheit vom Leid*
4. *Die hartnäckige Illusion des ICH'S*

- *Das Handbuch der Welt (2019)*
- *Die Datenwelt Theorie*
- *Die Datenwelt Theorie 2.0*
- *Arthur Schopenhauer:*
  Eine "kleine" Einführung
- *Die höhere Erkenntnis:*
  New Edition (Sonderedition)
- *Die höhere Erkenntnis:*
  Ein Weg zum besseren
  Verständnis der Welt
- *Eine kurze Zusammenfassung*
  des Ganzen
- *Eine kurze Zusammenfassung des*
  Ganzen & Die höhere Erkenntnis:
  (2in1 Sonderedition)

Eigene Gedanken

Eigene Gedanken

Eigene Gedanken